Mi familia adoptiva

Julie Murray

Abdo Kids Junior es una
subdivisión de Abdo Kids
abdobooks.com

Abdo
ÉSTA ES MI FAMILIA
Kids

abdobooks.com

Published by Abdo Kids, a division of ABDO, P.O. Box 398166, Minneapolis, Minnesota 55439.
Copyright © 2022 by Abdo Consulting Group, Inc. International copyrights reserved in all countries.
No part of this book may be reproduced in any form without written permission from the publisher.
Abdo Kids Junior™ is a trademark and logo of Abdo Kids.

Printed in the United States of America, North Mankato, Minnesota.

102021

012022

 THIS BOOK CONTAINS
RECYCLED MATERIALS

Spanish Translator: Maria Puchol

Photo Credits: iStock, Shutterstock

Production Contributors: Teddy Borth, Jennie Forsberg, Grace Hansen

Design Contributors: Candice Keimig, Pakou Moua, Dorothy Toth

Library of Congress Control Number: 2021939698

Publisher's Cataloging-in-Publication Data

Names: Murray, Julie, author.

Title: Mi familia adoptiva/ by Julie Murray

Other title: My adoptive family. Spanish

Description: Minneapolis, Minnesota: Abdo Kids, 2022. | Series: Esta es mi familia | Includes online
    resources and index

Identifiers: ISBN 9781098260576 (lib.bdg.) | ISBN 9781644947449 (pbk.) | ISBN 9781098261139 (ebook)

Subjects: LCSH: Families--Juvenile literature. | Adoption--Juvenile literature. | Adopted children--Family
    relationships--Juvenile literature. | Parent and child--Juvenile literature. | Families--Social aspects--
    Juvenile literature. | Spanish language materials--Juvenile literature.

Classification: DDC 306.85--dc23

Contenido

Mi familia adoptiva

Algunas veces los padres no pueden cuidar de sus hijos. Por amor los ceden para que vivan con otra familia.

Las familias **adoptivas** son especiales. Actúan exactamente igual que el resto de las familias.

Se ríen. Timmy cuenta
un chiste.

Se ayudan. Abbey ayuda
con el cuidado de Joe.

Juegan. Charlie juega
con su hermana.

Pasan tiempo juntos.

Toda la familia sale

de paseo con Óscar.

Celebran eventos. Es el cumpleaños de Sophia.

Se divierten. Liam juega
a un videojuego.

19

¡Pero lo que más hacen es quererse! Jane recibe un abrazo.

Más familias adoptivas

Glosario

adoptivo
relacionado con la adopción.
Adoptar es legalmente acoger al hijo
de otros y educarlo como propio.

celebrar
identificar un día o evento como
especial y alegre, honrándolo con
regalos, una fiesta o una actividad.

Índice

Abdo Kids ONLINE
FREE! ONLINE MULTIMEDIA RESOURCES

¡Visita nuestra página **abdokids.com** y usa este código para tener acceso a juegos, manualidades, videos y mucho más!

Los recursos de internet están en inglés.

Usa este código Abdo Kids

TMK2217

¡o escanea este código QR!